AF345155

M. GUIZOT

A M. GRÉVY

PRÉSIDENT DE L'ASSEMBLÉE NATIONALE

M. GUIZOT

A M. GRÉVY

PRÉSIDENT DE L'ASSEMBLÉE NATIONALE

23 Mai 1871.

Monsieur le Président,

Je n'ai pas l'honneur de vous connaître person-
nellement, ni d'avoir jamais eu avec vous aucune
relation, même indirecte. Mais vous présidez aux
délibérations des représentants de la France. Vous
vous acquittez de cette grave mission avec équité et
dignité. Vous maintenez dans l'Assemblée nationale,
au profit de tous ses membres, quelles que soient leurs
opinions, la liberté et l'ordre que la France aspire à
voir régner partout dans son sein. J'ai confiance dans
votre patriotisme, et je me permets de vous adresser

les inquiétudes et les espérances du mien , comme au premier citoyen de la France libre et appelée à régler, selon le droit et ses légitimes intérêts, ses propres destinées.

Nous sortons de l'abîme. Naguère sans gouvernement et sans armée, la France, au nom d'une Assemblée nationale librement élue et avec une armée nationale comme l'Assemblée, rentre dans Paris depuis deux mois violemment séparé d'elle. Grâces en soient rendues à Dieu et à la France ! Dieu n'a pas cessé de veiller sur la France, ni la France de croire en Dieu. Pendant que des insensés fermaient les églises où , depuis tant de siècles, tant de millions d'âmes sont venues prier Dieu, l'Assemblée nationale ordonnait des prières à Dieu pour le salut de la France. De grands égarements d'esprit éclatent quelquefois parmi les hommes ; ils ne sont que partiels et superficiels ; au fond et dans son ensemble, le genre humain reste le même ; il ne perd jamais le sentiment de la présence et de la main de Dieu dans sa nature et dans sa destinée. Paris rentrera dans ses églises, et nous dans le droit de dire que la France a été sauvée par la grâce de Dieu et la libre volonté nationale.

Qui s'est levé pour relever la France d'une situation déplorable ? Qui a commencé notre salut ?

D'une part, le Gouvernement de la défense nationale et Paris lui-même ; de l'autre, l'Assemblée nationale et M. Thiers. Le Gouvernement de la défense nationale et Paris ont sauvé l'honneur de la France en résistant obstinément à l'étranger. L'Assemblée nationale et M. Thiers ont eu le courage de faire la paix devenue nécessaire, et de lutter contre l'anarchie démagogique.

Que la paix ait été douloureuse et cruellement achetée, qui ne le sent? C'est la paix pourtant, c'est-à-dire le retour du travail tranquille et fécond. Que Paris se soit laissé tromper et opprimer par une faction insensée, il n'en est pas moins le Paris vaillant et glorieux qui a soutenu pendant cinq mois, contre l'étranger, un siége sans exemple. C'est souvent notre tort de ne pas reconnaître les deux faces des événements ou des personnes, et d'oublier le bien pour ne voir que le mal. A cela, il y a autant d'imprévoyance que d'injustice ; il faut savoir tenir compte du bien comme du mal et supporter le poids des fautes en recueillant le fruit des services. L'esprit critique est fatal à l'esprit politique ; la résistance intelligente aux erreurs et à la mauvaise conduite du pouvoir est excellente ; mais la manie de l'opposition a tué plus de gouvernements qu'elle n'en a réformé. Aujourd'hui notre salut n'est que commencé : pour qu'il s'achève, c'est à nous de soutenir les pouvoirs qui l'ont commencé, et d'avancer nous-mêmes en les poussant dans la voie où ils sont entrés, non en les renversant.

Qu'ont fait, d'une part, le Gouvernement de la défense nationale et Paris, de l'autre, l'Assemblée nationale et M. Thiers, pour nous retirer de l'abîme et commencer notre salut?

Le Gouvernement de la défense nationale a pris ce patriotique nom, et nul autre. Il n'a point prétendu résoudre la question politique et donner à la France le gouvernement qui devait succéder à l'Empire tombé; il ne s'est chargé que de défendre la patrie contre l'étranger.

Le même sentiment a été, au fond, celui de Paris pendant le siége; la République, il est vrai, avait été dès l'abord proclamée pa. s plus impatients amis, et son nom, son parti ont efficacement servi à la défense de Paris; mais la République n'était pas, à coup sûr, le vœu spontané de Paris ni l'élan général de la France. Je ne veux contester ni blesser aucun sentiment vrai; mais c'est un devoir aussi de voir la vérité des faits et de les appeler par leur vrai nom; la proclamation de la République dans Paris le 4 septembre 1870 a été un coup d'Etat républicain, un acte d'anticipation sur les droits de la souveraineté nationale. Les plus chauds républicains l'ont si bien senti qu'ils se sont hâtés de proclamer que la République était le gouvernement de droit, de droit absolu, le seul légitime, supérieur au suffrage universel et à la volonté nationale. Ce n'est certainement pas en acceptant cette théorie et pour soutenir le coup d'Etat républicain que toute la population de Paris, constitutionnels, légitimistes, orléanistes, bonapartistes, indifférents ou bravé tous les

périls et toutes les souffrances du siége. C'est pour
sauver l'honneur et le droit national que tous les partis
se sont ralliés contre l'étranger. C'est au nom de la
souveraineté nationale et pour la manifester que l'Assemblée nationale a été convoquée.

L'Assemblée elle-même l'a proclamé en se réunis-
sant : « Dépositaire de l'autorité souveraine, a-t-elle
dit le 17 février 1871, et considérant qu'il importe,
*en attendant qu'il soit statué sur les institutions de
la France*, de pourvoir immédiatement aux nécessités
du gouvernement et à la conduite des négociations, »
elle a nommé « M. Thiers chef du pouvoir exécutif de
la République française. » Que ces derniers mots
n'aient été placés là que pour exprimer un fait actuel
et réel, mais provisoire, M. Thiers a pris soin qu'on ne
pût s'y méprendre, car en entrant en fonction et en
choisissant ses ministres : « Je les ai pris, a-t-il dit,
non pas dans l'un des partis qui nous divisent, mais
dans tous ; comme a fait le pays lui-même en vous
donnant ses votes, et faisant figurer souvent sur la
même liste les personnages les plus divers, les plus
opposés en apparence, mais unis par le patriotisme,
les lumières et la communauté des bonnes intentions.
Pacifier, réorganiser, relever le crédit, ranimer le travail, voilà la seule politique possible et même conce-
vable en ce moment. A cela, tout homme sensé, hon-
nête, éclairé, quoi qu'il pense sur la monarchie ou sur
la république, peut travailler utilement, dignement, et

n'y eût-il travaillé qu'un an, six mois, il pourra rentrer
dans le sein de la patrie le front haut et la conscience
satisfaite. Sans doute, lorsque nous aurons rendu à
notre pays les services pressants que je viens d'énu-
mérer, quand nous aurons relevé du sol où il gît ce
noble blessé qu'on appelle la France, alors ayant recou-
vré la liberté de ses esprits, il dira comment il veut
vivre ; le jugement sera prononcé, non par une minorité,
mais par la majorité des citoyens, c'est-à-dire par la
volonté nationale elle-même. »

Telles ont été, aux jours du danger et pour sauver
la France, les inspirations du bon sens public, et dans
le pays qui a élu l'Assemblée, et dans l'Assemblée que
le pays a élue, et dans le chef du pouvoir exécutif
que l'Assemblée a nommé. Les républicains ont mis de
l'importance à faire insérer dans ce programme le
nom de la République française ; je ne m'en étonne ni
ne m'en plains ; il ne faut jamais, dans un pays libre,
demander aux opinions de se taire et aux partis de se
désavouer ; c'est leur droit de parler et d'agir selon
leur dessein, et c'est l'intérêt du pays qu'ils le fassent
avec franchise. En se battant contre l'étranger pour
l'honneur de la France, les républicains ont pu légiti-
mement espérer qu'ils se battaient pour la fortune de
la République ; ils ont pu tenter de tirer d'avance, de
leur ardeur patriotique, quelque symptôme favorable à
leur cause. Ce qui importe en pareille circonstance, ce
qui est le droit comme l'intérêt du pays, c'est qu'il n'y

ait, du côté des partis divers point de mensonge ni
d'escamotage, et, de la part du pays lui-même point
de duperie ni de faiblesse. En envoyant à l'Assemblée
nationale, sans se préoccuper de leurs dissentiments,
des représentants de tous les partis, la France leur a
témoigné qu'elle comptait sur leur concours à tous pour
la relever de sa chute et la guérir de ses plus poignantes
blessures. En leur rappelant à tous que c'était là leur
essentielle mission, et qu'en la leur confiant la France
entendait rester libre de régler elle-même ses institutions et ses destinées futures, l'Assemblée nationale et
M. Thiers ont fait leur devoir, et agi selon la vérité
des faits et le sérieux intérêt du pays.

La question est donc entière : elle a été expressé-
ment réservée ; entre les diverses formes de gouvernement la France et ses représentants ont plein droit
d'examiner et de se prononcer. Le moment est-il venu
de poser définitivement cette question, de la traiter et
de la résoudre avec complète opportunité, liberté et
lumière ?

Je comprends l'impatience : elle est naturelle et légitime ; la France a grand besoin d'arriver à un état
définitif et de voir clair dans son avenir ; sa sécurité,
sa dignité, sa prospérité, tous ses intérêts moraux et
matériels y sont engagés. Seulement, qu'on n'oublie
pas qu'il y a des questions préliminaires posées par les
événements et par la nécessité devant l'Assemblée
nationale, et qui doivent être vidées pour que la

solution de la question fondamentale soit sérieuse et efficace

L'Assemblée nationale n'est pas complète. Par suite des élections multiples, des élections annulées, des démissions et des décès, cent quatorze siéges y sont vacants. Un département tout entier, celui de Vaucluse, n'y est pas représenté. C'est une grande lacune. Si elle subsistait encore quand la question de notre gouvernement futur sera posée devant l'Assemblée, l'autorité de sa décision, quelle qu'elle fût, en serait fort affaiblie, et les partis mécontents ne manqueraient pas de s'en prévaloir pour l'attaquer. Ils n'ont pas besoin de motifs si sérieux pour faire grand bruit de leurs plaintes. C'est non-seulement un devoir pour l'Assemblée de combler ces vides ; c'est un excellent moyen de sonder et de mettre en lumière la pensée et le vœu de la France, à la veille du jour où elle sera appelée à les combler. Quels qu'ils soient, les résultats de ces élections nouvelles exerceront, sur le caractère et les résolutions de l'Assemblée nationale, une notable influence ; ils fortifieront ou ils affaibliront tel ou tel parti, telle ou telle tendance. Il faut espérer que la France électorale toute entière sentira la gravité de cet acte et s'empressera d'y concourir. Les opinions tranchées et décidées d'avance s'y porteront avec ardeur ; ce sont les opinions modérées qui hésitent et s'abstiennent souvent, par timidité, ou par indolence, ou par scrupule : leur inaction a presque toujours été la cause de leurs revers, et dans une situation aussi grave que l'est aujourd'hui la nôtre, ce serait de leur part un tort et un péril immenses. Quand un incendie éclate quelque part, le public ne s'éloigne pas ; au contraire il accourt, il s'empresse ; non pas seulement par curiosité et pour regarder, mais avec un zèle prévoyant et pour venir en aide aux pompiers chargés d'éteindre le feu. L'incendie est infiniment plus grave et plus contagieux dans l'État que dans la rue, et de tout le public, les modérés sont les plus intéressés à le combattre, car s'il persiste et s'étend, ils en seront bientôt les plus atteints. L'Assemblée a déjà pris, pour ces nouvelles élections, les mesures nécessaires pour mettre le devoir des électeurs à leur portée sans trop d'effort et de sacrifices ; plus le suffrage est universel, plus il importe qu'il soit réel ; le vœu public ne doit pas rester silencieux et inerte en présence des passions de parti toujours actives et hardies. Dans notre histoire contemporaine, l'ordre et la liberté ont eu tour à tour également à souffrir de l'absence inintelligente et imprévoyante des modérés.

On ne peut pas toucher à la question des élections qui doivent combler les vides dans l'Assemblée nationale sans en rencontrer une autre inévitablement liée à celle-là. Deux princes de la maison d'Orléans, M. le prince de Joinville et M. le duc d'Aumale ont été élus députés, l'un par le département de la Manche, l'autre par les départements de l'Oise et de la Haute-Marne.

Devant une question de légalité, l'assemblée a ajourné sa décision sur la validité de ces deux élections ; mais quand elle ordonnera qu'il soit procédé aux élections complémentaires, elle ne pourra laisser plus longtemps indecises celles des deux princes, car si elle en reconnaît la validité, il n'y aura là point de vides à combler, et si elle ne la reconnaît pas, il faudra qu'elle le déclare sans délai pour que ces trois départements ne restent pas privés de leurs députés. Je ne prétends pas prévoir ni discuter ici d'avance la décision de l'assemblée nationale ; je rappelerai seulement qu'à aucune époque de notre histoire contemporaine, l'exil des princes n'a été un fait légal, un bannissement judiciaire ; ce fut toujours une mesure exclusivement politique du pouvoir alors dominant ; mesure qui, en interdisant aux princes le territoire de la France et la jouissance, en France, de leurs droits civils, ne leur enlevait point leur qualité de Français ni les droits politiques qui y sont attachés et dont l'exercice peut être suspendu par des circonstances impérieuses sans que le principe en soit aboli. Les électeurs des départements de la Manche, de la Haute-Marne et de l'Oise ont fort bien pu penser que, les circonstances politiques étant complétement changées, ils avaient, eux, politiquement, le droit de faire des élections dont un acte purement politique aussi d'un gouvernement nouveau pourrait et devrait reconnaître la validité.

Mais quelle que soit à cet égard la décision de l'As-

semblée nationale, une question plus grave encore, celle
de l'exil même des princes se présente nécessairement
à côté de celle de leur élection : les causes politiques de
cet exil n'existent plus ; il ne s'agit point d'une famille
renversée hier, encore en vue du trône et aspirant ou-
vertement à y remonter ; les deux princes élus députés
ne sont point des prétendants, ils ne se sont pas con-
tentés de le déclarer hautement, ils ont fait plus ; ils
sont accourus, en simples soldats, à la défense de la patrie d'où ils étaient exilés. La France est, envers eux
comme envers tous, en pleine possession de sa souveraineté nationale : acceptera-t-elle, sans y regarder, l'héri-
tage des inimitiés ou des craintes qu'ont ressenties les
unes envers les autres les familles qui ont régné sur elle ?
Ou perpétuera-t-elle, pour son propre compte, les mesures d'exception et de rigueur adoptées par d'autres
pouvoirs dans des jours de crise révolutionnaire ? Laisser subsister de telles mesures, c'est les renouveler et
en prendre la responsabilité. Et quels sont les exilés à
qui l'Assemblée, aujourd'hui dépositaire de la souveraineté nationale, est appelée à rouvrir les portes de la
France ? D'une part, des princes qui, pour ne jamais
séparer leur destinée de la sienne, se sont résignés non
sans regret, mais sans lutte, à la chute si imméritée,
je n'hésite pas à le dire, du roi leur père. D'autre part,
le premier prince de la maison de France, victime de
fautes qu'il n'a pas commises, toujours tranquille et di-
gne dans son long exil, qui n'aspire, selon sa propre ex-

pression, qu'à être le *fondé de pouvoir* de la France libre, et qui n'a besoin que de la bien connaître pour la bien servir. Voilà sur qui porte la question du rappel de ces lois d'exil qui n'ont, dans l'état actuel des faits, plus de motifs sérieux ou du moins spécieux pour leur servir d'excuse. Des milliers de voix s'élèvent de toutes parts pour demander à l'Assemblée nationale la réconciliation de tous les Français avec la France ; et quel qu'il soit, république ou monarchie, le gouvernement définitif qu'adoptera la France aura le plus pressant intérêt à trouver cette œuvre accomplie. Si c'est la République, il ne faut pas qu'elle soit appelée, dès son début, à proscrire de nouveau les représentants de la monarchie et à irriter tous ses amis. Si c'est la Monarchie, il faut qu'elle soit relevée par tous ses représentants naturels et qu'elle rallie tous ses partisans. Je crois fermement que l'Assemblée nationale actuelle a le droit de débattre et de régler, avec l'assentiment de la France, la question de son gouvernement définitif ; mais en tous cas, c'est évidemment à elle qu'il appartient de résoudre les questions préliminaires que je viens de rappeler et dont la solution est indispensable pour que la France puisse enfin conquérir le régime définitif dont elle a si grand besoin, ou la vraie République non révolutionnaire, ou la vraie Monarchie constitutionnelle.

Faire la paix au dehors, la rétablir au dedans en réprimant les troubles et les crimes qui rendent tout gou-

vernement définitif impossible, la République comme la
Monarchie, et mettre ainsi la France en état de se prononcer librement et sensément sur ses institutions et
ses destinées futures, c'est là l'œuvre grande, l'œuvre
de salut qu'ont entreprise, en s'unissant, l'Assemblée
nationale et M. Thiers. Elle est accomplie dans ses
deux premi rs desseins : la paix est conclue, l'anarchie
qui désolait Paris est vaincue ; l'un et l'autre résultat
ont été douloureux et difficiles à atteindre, c'est l'union,
l'action commune de l'Assemblée nationale et de
M. Thiers qui les ont obtenus l'un et l'autre. Reste à
accomplir le dernier dessein, le plus difficile des trois,
l'établissement pour et par la France d'un gouvernement définitif capable de lui garantir d'une façon du-
rable ses intérêts suprêmes, son honneur et sa prospérité, ses libertés au sein de l'ordre. Dans l'état actuel
des faits, le même moyen qui a commencé le succès de
l'œuvre, l'unio persévérante de l'Assemblée nationale
et de M. Thiers peut seule mener l'œuvre entière à
bonne fin. Que ce soit donc la loi de leur conduite mu-
tuelle et le but constant des influences légitimes, publi-
ques et privées, qui ont droit à agir sur eux ! Mirabeau
disait bien à tort : « La petite morale tue la grande ; »
ce qui est infiniment plus vrai, c'est que les petites
questions empêchent de résoudre les grandes et qu'on
manque souvent le but pour n'avoir pas su dédaigner
les embarras de la route. Qu'il y ait quelquefois des
embarras, des malentendus, des heurts imprévus entre

le Chef du pouvoir exécutif et l'Assemblée dépositaire
de la souveraineté nationale, c'est à peu près inévitable.
M. Thiers peut s'impatienter ; l'Assemblée peut se pi-
quer. Il serait déplorable, il serait misérable que de
tels incidents en vinssent à compromettre la grande
œuvre qu'ils sont chargés d'accomplir ensemble. Je suis
convaincu que moyennant quelques ménagemens et un
peu de prévoyance réciproque, le régime provisoire qui
a été convenu à Bordeaux entre l'Assemblée et le Chef
du pouvoir exécutif peut suffire encore aujourd'hui au
maintien de leur union et au succès de leur action commune ; ce qui importe, ce qui est indispensable, c'est
que rien ne porte atteinte au caractère provisoire du
régime actuel et que la France conserve tout son droit
envers tout le monde quant à son régime définitif.
En toute circonstance et quelque soit le nom des pouvoirs, le grand art de gouverner, c'est de ne s'attacher
qu'aux grandes choses, aux conditions essentielles du
gouvernement et de se montrer facile et large sur tout
le reste. En 1596, après l'assemblée des Notables de
Rouen, Gabrielle d'Estrée s'étonnait qu'Henri IV leur
eût dit : « Je vous ai fait assembler pour recevoir vos
conseils, pour les croire, pour les suivre, bref, pour me
mettre en tutelle entre vos mains, envie qui ne prend
guère aux rois, aux barbes grises et aux victorieux. »
— « Ventre saint gris, il est vrai, lui dit le roi, mais
j'avais mon épée ! » Aujourd'hui, et envers tous les
Français, l'épée de la France, c'est sa souveraineté na-

tionale. J'ai la confiance, monsieur le président, que l'Assemblée que vous avez l'honneur de présider saura, en toute occasion et envers tout le monde, garder cette épée aujourd'hui déposée entre ses mains ; et après l'éclatant service qu'il vient de rendre à la France et les éclatants remerciements que lui en a adressés l'Assemblée nationale, M. Thiers mettra certainement à leur intime union et à leur constant accord autant d'importance que l'Assemblée elle-même. Qu'ils achèvent ensemble et dans le même esprit l'œuvre qu'ils ont jusqu'ici si bien conduite ensemble et qu'un tel succès vient déjà de couronner. Ce sera leur commune gloire, en même temps que le salut de la France.

Agréez, Monsieur le Président, la sincère assurance de ma haute et respectueuse considération.

GUIZOT

Post-scriptum. 30 mai 1871.

Quelle lutte, grand Dieu, et quels désastres ! M. Thiers a eu bien raison de dire à l'Assemblée nationale : « Je ne viens pas vous consoler, car je suis moi-même inconsolable. » Mais plus la victoire a coûté cher, plus il importe d'en recueillir tout le fruit. Je n'ai garde de demander qu'on se hâte d'en profiter pour résoudre brusquement la question du gouvernement définitif de la France ; la France ne doit rien faire *ab irato* et comme pour satisfaire la passion de la victoire. Ce qui est urgent, c'est de résoudre les questions préliminaires que je viens de rappeler, et dont la solution est indispensable pour arriver, en pleine liberté de jugement et d'action, à celle de la question définitive. L'Assemblée nationale est déjà entrée dans cette voie. Elle s'empressera certainement d'atteindre le but. C'est le seul moyen de panser toutes les plaies de la France et de lui rendre toutes les espérances de son avenir.

LISIEUX. — TYP. E. PIEL.